（明）崔巖 撰

九仙二佛傳

國家圖書館出版社

編輯説明

郴州自秦置郴縣起，迄今已有兩千多年建制史。鍾靈毓秀，人杰地靈，素有『天下第十八福地』之稱。西漢末年，相傳郴江河畔蘇耽濟世救人，孝母仁愛，德行昭著，感動上天，跨鶴成仙，位列仙班。爾後，類似仙佛傳説故事在郴州民間歷代有之。至明成化十七年（一四八一），郴州人崔巖，對漢、唐以來郴州民間得道成仙佛人物故事予以傳記，撰成《九仙二佛傳》。郴州人何孟春、袁子讓爲《九仙二佛傳》修訂并作注。

崔巖（一四四六—一五二二），字民瞻，郴州人。成化十七年進士，歷任户部主事，江西、河南布政使，都察院右副都御史，大同巡撫，陝西巡撫，以工部侍郎致仕。崔巖在任期間，爲官清廉，爲民解患，勤於理政，成就卓著。據《［萬曆］郴州志》卷十六《人物志》記載，『家人以詩禮檢其遺物，

倒囊不過百金，清白之操卓爲後生模範』，其爲人厚樸，懷有仁慈濟民之情、佛道之念。乞歸養病之年，建蘇仙石橋以濟病涉，民稱之。

《九仙二佛傳》共三卷，《附録》一卷。卷一爲《郴陽仙傳》，以傳記文體記叙西漢桂陽郡孤兒蘇耽，東漢桂陽郡臨武縣人成武丁，唐代郴人范伯慈、唐道可、廖法正、劉曆、劉瞻、劉助、王錫九位生平事迹及得道成仙之經歷。

卷二爲《郴陽佛傳》，叙述唐代郴縣程水鄉（今湖南資興）人周全真、唐代郴縣大奎上（今郴州市蘇仙區）人朱道廣二位生平事迹及修煉成佛之經歷。

卷三爲《郴陽神傳》，叙述唐柳侯傳和黄侯傳，詳細記叙唐代郴州宜陽人柳毅傳書救龍女之神話故事，柳毅受封爲魚鮷侯，稱之爲神；唐代郴州人黄師浩，因破敵有功，官至都統，唐懿宗嘉其屢立戰功，英勇殉國，追封爲

武陵侯，元世祖封其爲神。

此後，郴州便有九仙二佛二神之傳説，故事完整，叙説精煉，膾炙人口，廣爲流傳。

附録爲諸仙誥號神敕，稱蘇仙『衝素普應静惠昭德真人』，成仙『靈慧仁慈普濟真人』，范仙『仁孝玄一真人』，唐仙『静壽真人』，廖仙『專寂玄妙真人』，劉大仙『妙應真人』，劉二仙『救民護國端方文惠真人』，劉三仙（劉季仙）『玄通慈悌真人』，王仙『利澤惠愛施藥真人』；無量壽佛『慈信寂照妙應禪師』，朱佛『寂通證誓禪師』；柳侯『魚鯑之神』，黄侯『武陵石虎之神』。卷末還録有崇德山釋子依仁清乾隆四年（一七三九）己未蒲月（五月）書寫的跋文兩篇。

是書初有明嘉靖七年（一五二八）郴州家塾自刻本，後有清同治十一年（一八七二）重刻本，民國二十九年（一九四〇）鉛印本，郴縣《四庫全書》印刷局代印。本書據國家圖書館藏清同治十一年重刻本影印，是書間有斷版損字，及字迹模糊。

《郴州通典》編輯部

二〇二三年十二月

篇目

郴陽仙傳

漢蘇仙傳

漢成仙傳

唐范仙傳

唐唐仙傳

唐廖仙傳

唐劉仙宜歌傳

唐平章劉仙傳

唐劉仙元德傳

唐王仙傳

郴陽佛傳

唐無量壽佛傳

唐朱大師傳

郴陽神傳

唐柳侯傳

唐黃侯傳

附録仙誥號神敕

蘇仙誥

成仙誥

范仙誥

唐仙誥

篇目

唐仙譜
范仙譜
成仙譜
蘇仙譜
附錄仙譜諸神效
唐黃侯傳
唐柳侯傳
郴陽祥傳
唐朱大師傳
唐無量壽佛傳
郴陽佛傳
唐王仙傳
唐劉仙元德傳
唐平章劉仙傳
唐劉仙宜歌傳
唐廖仙傳
唐厚仙傳
唐蒲仙傳
漢成仙傳
漢蘇仙傳
郴陽仙傳

廖仙誥
劉大仙誥
劉二仙誥
劉三仙誥
王仙誥
壽佛塔號
朱佛塔號
柳侯敕號
黃侯敕號

篇目

黃侯敕號
柳侯敕號
朱佛搭號
壽佛搭號
王仙譜
劉三仙譜
劉二仙譜
劉大仙譜
廖仙譜

圖書在版編目(CIP)數據

九仙二佛傳 /（明）崔巖撰. —北京：國家圖書館出版社, 2023.12

ISBN 978-7-5013-7926-2

Ⅰ. ①九… Ⅱ. ①崔… Ⅲ. ①佛教—神—列傳 ②道教—神—列傳 Ⅳ. ①B949.9 ②B959.9

中國國家版本館CIP數據核字（2023）第248005號

書　目　九仙二佛傳（一函一册）

著　者　（明）崔巖　撰

項目統籌　殷夢霞

責任編輯　張愛芳　張慧霞

出版發行　國家圖書館出版社（北京市西城區文津街7號　100034）

（原書目文獻出版社　北京圖書館出版社）

010-66114536　63802249　nlcpress@nlc.cn（郵購）

網　址　http://www.nlcpress.com

印　裝　杭州富陽正大彩印有限公司

版次印次　2023年12月第1版　2023年12月第1次印刷

開　本　249×151　1/16

印　張　9

書　號　ISBN 978-7-5013-7926-2

定　價　360.00圓